La Récréation

Méthode Amusante
Pour Enseigner
L'A, B, C

MÉTHODE AMUSANTE,

OU

ABÉCÉDAIRE RÉCRÉATIF,

ORNÉ DE VINGT-SIX JOLIES GRAVURES

Propres à piquer la curiosité des Enfans, et à hâter leur instruction.

DERNIÈRE ÉDITION,

CONTENANT 1.° Des Alphabets de différens caractères. 2.° Des Syllabes dont le nombre est augmenté. 3.° L'explication des différens animaux représentés par les Gravures dont une correspond à chaque lettre. 4.° Des Contes, Historiettes. 5.° Des Principes d'Orthographe, pour les Accens, la manière de prononcer les Consonnes, la Ponctuation, etc. 6.° De jolies Fables de différens Auteurs connus. 7.° Un petit Traité d'Arithmétique. 8.° Des Chiffres Romains et Arabes. 9.° Et enfin des Modèles d'Écritures propres à leur servir d'exemples.

Le tout mis à la portée du premier âge et à l'usage des Maisons d'Éducation.

———

A LYON,

Chez J.ᴴ AYNÉ, Libraire, rue Mercière, n.° 11.

1811.

AVIS DES ÉDITEURS.

DE nombreuses Editions enlevées rapidement, prouvent que cet Alphabet est presque généralement adopté. Conformément aux demandes de quelques Instituteurs, nous avons employé un caractère plus gros pour les mots divisés en syllabes; le nombre des historiettes a été augmenté, et nous avons ajouté des principes d'Ecriture, et les premières règles du Calcul.

a	b
c	d
e	f

g | h
i | k
l | m

n | o
p | q
r | s

t	u
v	x
y	z

a   b   c   d

e   f   g   h

i   j   k   l

m   n   o   p

q   r   s   t

u   v   x   y   z.

A   B   C   D

E   F   G   H

I   J   K   L

M   N   O   P

Q   R   S   T

U   V   X   Y   Z.

A   B   C   D

E   F   G   H

I   J   K   L

M   N   O   P

Q   R   S   T

U   V   X   Y   Z.

Lettres liées ensemble.

æ   œ   fi   ffi

fl   ffl   w

fl   ffl

œ   œ   fi   ffi

Figures des Lettres comparées.

A	*A*	a	*a*
B	*B*	b	*b*
C	*C*	c	*c*
D	*D*	d	*d*
E	*E*	e	*e*
F	*F*	f	*f*
G	*G*	g	*g*
H	*H*	h	*h*
I	*I*	i	*i*
J	*J*	j	*j*
K	*K*	k	*k*
L	*L*	l	*l*

M	*M*	m	*m*
N	*N*	n	*n*
O	*O*	o	*o*
P	*P*	p	*p*
Q	*Q*	q	*q*
R	*R*	r	*r*
S	*S*	s	*s*
T	*T*	t	*t*
U	*U*	u	*u*
V	*V*	v	*v*
X	*X*	x	*x*
Y	*Y*	y	*y*
Z	*Z*	z	*z.*

SYLLABES.

Ba	bé	bi	bo	bu
Ca	cé	ci	co	cu
Da	dé	di	do	du
Fa	fé	fi	fo	fu
Ga	gé gue	gi gui	go	gu
Ha	hé	hi	ho	hu
Ja	jé	ji	jo	ju
Ka	ké	ki	ko	ku
La	lé	li	lo	lu
Ma	mé	mi	mo	mu
Na	né	ni	no	nu
Pa	pé	pi	po	pu
Qua	qué	qui	quo	qu
Ra	ré	ri	ro	ru
Sa	sé	si	so	su
Ta	té	ti	to	tu
Va	vé	vi	vo	vu
Xa	xé	xi	xo	xu
Za	zé	zi	zo	zu

rai sin.   chi en.

car lin.   voi sin.

se rin.   car ton.

pois son.   jar din.

bé guin.   cha peau.

gâ teau.   cou teau.

jou jou.   tou tou.

han ne ton.   da da.

hé ris son.   na nan.

ma ma.   pa pil lon.

mas se pain.

hi ron del le.

de moi sel le.

ar ti chaut.

a bri cot.

ar ro soir.

a breu voir.

ré ser voir.

é gru geoir.

ba lan ce.

con fian ce.

com plai san ce.

ger çu re.
brû lu re.
en ge lu re.
con fi tu re.
ra quet te.
ja quet te.
noi set te.
cein tu re.
fri su re.
cou ver tu re.
pa ra sol.

do ci li té.

hu mi li té.

bé né fi ce.

ar ti fi ce.

ri di cu le.

re non cu le.

bas cu le.

é cre vis se.

ré glis se.

ros si gnol.

tour ne sol.

vi va ci té.

hon nê te té.

vo ra ci té.

sin gu la ri té.

fa mi li a ri té.

vail lan ce.

sur veil lan ce.

bien veil lan ce.

ex tra va gan ce.

il lu mi na ti on.

o sten ta tion.

dis si pa tion.

vo mis se ment.

é va nou is se- ment.

é blou is se ment.

i nu ti le ment.

heu reu se ment.

sin gu li è re- ment.

pro di gi eu se- ment.

les cou teaux
cou pent ; les é-
pin gles pi quent ;
les chats é gra-
ti gnent ; le feu
brû le :

Voi ci un che-
val , il a qua tre
jam bes ; les oi-
seaux n'ont que
deux jam bes ,

mais ils ont deux ai les, ils vo lent;

les pois sons ne vo lent pas, ils na- gent dans l'eau ; les pois sons ne pour raient pas vi vre dans l'air; le vez la tê te, vous ver rez le so leil.

c'est dieu qui a fait le so leil : dieu a fait tout ce que nous voy ons ; il est le maî tre de tout, il sait tout : pour plai re à di eu, un en fant doit o bé ir à ses pa rens, et s'ap pli- quer à bien li re:

il faut que cha-
cun tra vail le ; ce-
lui qui ne tra-
vai le pas , ne
mé ri te pas de
man ger.

le pain est fait
a vec de la fa ri-
ne ; la fa ri ne se
fait a vec du blé :
pour a voir du

blé , il faut le se-
mer ; a vant de se-
mer , il faut la-
bou rer ; la ter re
est dif fi ci le à la-
bou rer.

le blé pous se
des ra ci nes ; les ra-
cines portent une
ti ge ; cet te ti ge
pro duit un é pi ;

cet épi ren fer me
des grains de blé :

les ar bres ont
des ra ci nes, qui
sont com me leurs
pieds ; ils ont des
bran ches qui sont
com me leurs bras,
et des ra meaux,
qui sont com me
leurs mains.

Sur les rameaux, il vient des feuil- les et des fleurs ; quand les fleurs sont tom bées, il res te un pe tit fruit ; ce fruit de vient gros ; on le man ge quand le so leil l'a mû ri.

la pom me est

le fruit du pom-
mier ; on fait du
ci dre a vec des
pom mes , qua nd
el les ont été é-
cra sées dans un
pres soir.

a vec des rai sins , on
fait du vin ; les rai sins sont
le fruit de la vi gne.

Nos che mi ses sont
de toi le. la toi le se fait
a vec du fil. le fil se fait
a vec du chan vre. on
seme la grai ne qui pro-
duit le chan vre.

nos ha bits sont or di-
nai re ment de lai ne. la
lai ne croît sur les mou-
tons ; on la fi le.

on ne tond les mou-
tons qu' u ne fois dans
l'an née. u ne an née est
com po sée de dou ze
mois. dans un mois, il y
a tren te jours.

quand on est jeu ne,
u ne an née pa roît bien
lon gue.

on croit qu'on ne de-
vi en dra ja mais vieux.

La glou ton ne rie ô te
la san té.

ne dé ro bez rien.

ne je tez pas de pain à ter re; si vous en a vez trop, il y a des gens qui n'en ont pas as sez.

ne vous met tez pas en co lè re.

l'en fant doux se fait ai mer.

on ché rit l'en fant com-plai sant.

ne mé pri sez per son ne.

l'en fant le plus ins truit n'est pas ce lui qui parle le plus.

si vous dé si rez trop, vous ne se rez ja mais heu reux.

pour qu'on sup por te vos dé fauts, sup por tez ceux des au tres.

si vous vou lez vous fai re ai mer, ren dez-vous ai ma bles.

ne fai tes pas à vos ca ma ra des ce que vous se riez fâ ché qu'ils vous fis sent.

dé fi ez — vous de qui-con que pré tend ren dre les hom mes plus heu-reux qu' ils ne veu lent l'ê tre, c'est la chi mè re des u sur pa teurs et le pré tex te des ty rans.

ex pli ca ti on des gravures.

a. au tru che.

cet oi seau , dont les plu mes sont si lar ges, si bel les, est pres que aus si haut qu'un homme mon té à che val : c'est le plus grand des oi seaux. ou tre qu'il a les jam bes lon gues, il se sert de ses ai les pour mi eux cou rir, quand le vent est fa vo ra ble. le vent est bien com mo de, quand on sait le met tre à pro fit ! le for ge ron se sert du vent pour al lu mer son feu. le ba te lier dres se ses voi les pour fai re a-van cer son ba teau. le bou lan-

ger net toie son blé a'vec u ne
rou e gar nie de qua tre vo lans:
nous-mê mes , nous nous pro cu-
rons du vent , en agi tant l'air
avec un é ven tail.

---

b. bossu.

Ceux qui se mo quent des bos—
sus , ont grand tort. Il est rare
qu'on soit bos su par sa fau te ;
d'ail leurs les bos sus ont de l'es—
prit. Com me ils se sen tent ex po—
sés aux mau vai ses plai san te ries ,
à cau se de leurs dif for mi tés , ils
font de bon ne heu re u sa ge de
tou te leur rai son , pour ga gner du
cô té des ta lens , ce qui leur man que
du cô té du corps.

c. chameau.

Sans le se cours de cet a ni-
mal, qui peut pas ser jusqu'à dix
jours sans boi re ; il au rait é té
im pos si ble de tra ver ser des dé-
serts, où le voyageur ne trouve
que des sa bles brûlans.

le cha meau seul peut ren dre
au tant de ser vi ces que le cheval, l'â ne et le bœuf ré u nis.
Il n'est pas plus dé li cat que
l'â ne sur la qua li té de la nourri tu re. sa chair quand il est
jeune , est aus si bon ne que
celle du veau, et son poil est
plus re cher ché que la plus bel le
lai ne. il mar che vî te, por te
des far deaux très-pe sans ; et ré-
u nit , à ces qua li tés u ti les

u ne au tre plus pré ci eu se en-
co re, la do ci li té. au sim ple
com man de ment de son maî tre,
il vient s'a ge nouil ler en tre les
bal lots, pour lui é par gner jusqu'à la pei ne de les é le ver.

---

d.   dro ma dai re.

ce qui dis tin gue le dro ma dai re
du cha meau , c'est qu'il n'a qu'u ne
bos se sur le dos. du res te , ces deux
a ni maux se res sem blent au tant
par la con for ma tion que par la
do ci li té. on fait avec leur poil , qui
tombe tous les ans , des cha peaux fins
et de très - bel les é tof fes.

le cha meau , le dro ma dai re et
l'au tru che se trou vent en a sie et en
a fri que.

l'e uro pe , où est si tu é e la fran ce

que nous ha bi tons, ne ren fer me pas
tout le mon de; il y a trois au tres
par ties, qui sont, l'a sie, l'a fri que et
l'a mé ri que.

l'eu ro pe est la plus pe ti te des
qua tre par ties du mon de, mais la
plus peu plée. l'a sie, bien plus gran de
que l'eu ro pe, est l'en droit où le
pre mier hom me a pris nais san ce.
l'a fri que, pres que aus si gran de que
l'a sie, est si chau de que la plu part
de ses ha bi tans sont noirs. l'a mé ri que,
qu'on ap pel le le nou veau mon de,
par ce qu'il n'y a que trois cents
ans qu'on en a fait la dé cou ver te,
est bien plus gran de que cha cu ne des
trois au tres par ties; c'est de-là que
nous vien nent le su cre, le ca fé, le
cho co lat, dif fé rens bois de tein tu re,

et beau coup de dro gues qui en-
trent dans la com po si tion des
mé de ci nes.

é. éléphant.

l'é lé phant est le plus grand
de tous les a ni maux à qua tre
pieds. A vec son nez qu'on ap-
pel le trom pe , il peut dé nou er
des cor des , dé bou cher u ne
bou teil le , ra mas ser la plus petite cho se , fai re en un mot,
tout ce que les hom mes font
a vec la main ; on nom me i voi re
les deux lon gues dents qui sortent de sa mâ choi re su pé rieu re.
cet a ni mal est très-sus cep tible
d'af fec tion , très-in tel li gent et
très-do ci le. rarement on le voit
seul ; il ai me à se trou ver en

com pa gnie. dans les vo ya ges, le plus â gé con duit la trou pe : les plus fai bles sont au mi lieu ; et les mè res por tent leurs pe- tits, qu'elles tien nent em brassés a vec leur trom pe. ce qu'on va lire prou ve bien leur in tel li- gence ; un pein tre vou lait des- si ner un é lé phant la gueu le bé an te ; pour ce la, il s'é tait fait ac com pa gner d'un jeu ne é lè ve qui je tait de tems en tems des fruits à l'a ni mal ; mais comme sou vent il n'en fai sait que le ges te, l'é lé phant im pa- tien té s'en prit au maî tre , et gâ ta tout le des sin sur le quel il tra vail lait.

f. frui ti è re.

Il ne suf fit pas d'o bli ger, il faut crain dre d'hu mi li er ceux à qui l'on don ne.

« un jour je me trou vai à u ne fête
« de vil la ge, di sait, à ce su jet, un
» hom me cé lè bre. a près dî ner, la
» com pa gnie fut se pro me ner dans
» la foi re, et s'a mu sa à je ter aux
» pay sans des piè ces de mon naie,
» pour le plai sir de les voir se
» bat tre en les ra mas sant. pour
» moi, sui vant mon hu meur so-
» li tai re, je m'en fus pro me ner
» tout seul de mon cô té. j'a per-
» çus u ne pe ti te fil le qui ven-
» dait des pom mes. el le a vait
» beau van ter sa mar chan di se,

» elle ne trou vait plus de cha-
» lands. com bien tou tes vos pom-
» mes, lui dis - je ? — toutes mes
» pom mes, re prit — el le ? et la voi-
» là en mê me temps à cal cu ler
» en el le – mê me. — six sous, me-
» dit - el le. — je les prends, lui
» dis - je, pour ce prix, à con-
» di ti on que vous les irez dis-
» tri buer à ces sa voy ards que
» vous vo yez là – bas ; ce qu'el le
» fit aus si - tôt. ces en fans fu-
» rent au com ble de la joie de
» se voir ré ga lés, ain si que la
» pe ti te fil le de s'ê tre dé fai te
» de sa mar chan di se. je leur
» au rais fait moins de plai sir,
» si je leur avais donné de l'ar-
» gent. tout le mon de fut con-
» tent, et per son ne ne fut hu-
» mi li é. »

g. giraffe.

Lorsque la giraffe a pris son accroissement, elle est trois fois plus haute que le plus grand cheval; mais cette grandeur n'est pas proportionnée, car le cou en fait presque la moitié: d'ailleurs, les jambes de derriere sont trop courtes par rapport à celles de devant. Avec ce défaut, la Giraffe ne peut pas bien courir: aussi, quoiqu'elle ne soit pas farouche, on n'a pas essayé d'en faire une monture. Il en est des animaux comme des hommes, on ne les recherche qu'à raison de leur utilité. On trouve des Giraffes en Afrique. Leur peau est marquée de petites taches blanches sur un fond brun.

g
h
I
J
K
l
m

h. hanneton.

Comme le Hanneton vole brusque-
ment , on dit en proverbe : étourdi
comme un hanneton. *Cet insecte*
à cause de sa docilité , est un de ceux
que les enfans ont choisi pour leur
amusement. Malheur aux vauriens
qui se donnent le barbare plaisir de le
priver de ses pattes ou de ses ailes !

i. imprimeur.

Les livres n'ont pas toujours été
aussi communs qu'ils le sont aujourd'hui. Autrefois il fallait être
bien riche pour s'en procurer,
parce qu'on mettait beaucoup
de tems à les écrire : à présent
qu'on les imprime, la besogne
va si vîte, que deux ouvriers,

en moins d'un jour , font sans peine ce que trente écrivains n'auraient pas fait dans un mois. Chaque lettre est moulée sur un petit quarré ; ces quarrés s'arrangent dans un câdre : on les couvre d'encre, et, en foulant avec une presse, on a autant de feuilles imprimées qu'on a mis de feuilles de papier blanc sur le câdre. La gravure qui a beaucoup de rapports avec l'imprimerie, n'est pas moins merveilleuse. En général, les arts méritent notre attention. Qui dirait en voyant une pièce d'or, une épingle, une clef, que tout cela est sorti de la terre? Cependant rien de plus vrai. L'or, l'argent, le fer, le cuivre et tous les autres métaux se bêchent dans la terre : ils en sortent bruts : on les met au feu

pour les purifier ; ensuite le forgeron les dégrossit, pour que
les serruriers, les orfèvres et les
bijoutiers aient moins de peine
à les mettre en œuvre.

---

j.   joko.   k.

Le Joko *est un grand singe qui marche comme l'homme, appuyé sur un bâton. En général, les singes ont de l'industrie ; mais ils sont grimaciers, et même un peu méchans. Lorsqu'on les attaque, ils se défendent en jetant des pierres à leurs ennemis. Pour piller un verger, ils se mettent à la file, et se font passer de l'un à l'autre les fruits qu'ils mettraient trop de temps à aller chercher.*

Comme ces animaux imitent tout ce qu'ils voient faire, on profite de leur instinct pour les prendre. Quel-

quefois on se frotte devant eux le visage avec de l'eau, et l'on met adroitement de la glu dans le vase où l'on se lave. D'autres fois on se regarde dans des miroirs qui ont des ressorts ; à peine s'est-on détourné, que les Singes s'y trouvent embarrassés.

---

1.   lion.

Le Lion est un animal terrible. Avec sa queue, il peut étreindre cruellement un homme, lui casser une jambe, et même le tuer ; mais il n'attaque que lorsque la faim le presse. Pris jeune, il s'apprivoise, et à tout âge il est sensible aux bienfaits.

Une lionne que l'on tenait enchaînée, fut atteinte d'un mal violent qui l'empêchait de manger : comme on désespérait de sa guérison, on lui ôta sa chaîne, et on jeta son corps dans un champ. Ses yeux étaient fermés, et sa gueule se remplissait de fourmis, lorsqu'un passant l'apperçut. Croyant remarquer quelque reste de vie dans cet animal, il lui lava le gosier avec de l'eau, et lui fit avaler un peu de lait. Un remède si simple eut les effets les plus prompts. La lionne guérit et elle conçut une telle affection pour son bienfaiteur, qu'elle se laissait conduire avec un cordon, comme le chien le plus familier. Tel est le pouvoir des bienfaits sur les caractères même les plus rebelles.

m. marmotte.

Ce petit animal se tient assis comme l'écureuil, pour prendre sa nourri-ture, et se sert des pieds de devant pour la porter à sa bouche. Rien de plus facile que de l'apprivoiser ; aussi les petits paysans des montagnes l'apportent - ils dans nos villes pour le faire danser au son de la vielle. Aux approches de l'hiver, plusieurs marmottes se réunissent pour construire, sur le penchant d'une montagne, un grand terrier à deux ouvertures, qui a la forme d'un y.

C'est une si belle chose que l'union ! D'autres animaux, les abeilles surtout et les fourmis, nous en donnent l'exemple. Les abeilles dans leur ruche, sont comme des citoyens dans leur ville. Chacune y a ses occupations, ses habitudes, ses amis, sa demeure. Au printemps, toutes ces ouvrieres volent dans les champs pour recueillir sur les fleurs une espèce de poussière qu'elles rassemblent avec leurs pattes. C'est avec cette poussière qu'elles forment la cire dont on fait des bougies. Le miel est composé d'un suc qu'elles pompent dans les fleurs.

Quant aux fourmis, lorsque vous en rencontrez une, suivez - la, vous verrez qu'elle se rend dans une habitation vaste, divisée en chambrettes, toutes bien approvisionnées, bien propres. Grains, fruits, petits animaux morts, tout est bon pour son ménage ; mais c'est sur-tout la maniere dont se fait l'approvisionnement qui est curieuse. Lorsqu'une fourmi se trouve trop chargée, une autre fourmi l'aide ; et si les deux ne sont pas assez fortes, une troisieme vient au secours pour transporter le fardeau, souvent plus gros que douze fourmis réunies.

n.   nid.

Un nid d'oiseau est un chef-d'œuvre, par la manière dont les feuilles
sèches, le duvet et le crin y sont
disposés. Une autre merveille, c'est
la manière dont les petits y sont
élevés. La mère se tient près d'eux
pour les échauffer, tandis que le père
vient dégorger dans leurs becs des
alimens à demi-digérés. Ces enfans
chéris sont dociles : ils attendent
pour voler qu'on leur en ait donné
le signal ; ils s'essayent sous les yeux
de leur père, et ne prennent d'autre nourriture que celle qui leur est
indiquée.

O.   ours.

L'Ours s'apprivoise, mais il faut
le prendre jeune : autrement il con-

serverait son caractere farouche.
Dans les bois, cet animal vit seul,
par indifférence pour ceux de son
espèce. Parmi les hommes, le goût
de la retraite a quelquefois le même
motif : on se prive du secours des
autres, pour être dispensé de leur en
porter.

p. polichinel.

Deux enfans revenaient de la foire
avec leur père. C'était en automne ;
les jours commençaient à être courts :
comme ils savaient le chemin, leur
père ayant eu besoin de s'arrêter,
leur dit de continuer leur route. Les
voilà donc qui marchent doucement
tous les deux en s'entretenant des
curiosités qu'ils avaient vues à la
foire. Tout-à-coup une lueur trem-
blotante parut au milieu du chemin.

Leur premier mouvement fut de re-
culer; cependant l'aîné rappela à son
frère ce que leur avait dit leur père,
qu'il ne fallait pas s'effrayer de ce
qui paraît extraordinaire dans les té-
nèbres, parce qu'en approchant, on
découvrait que ce n'était rien : en
effet, ils avancèrent et ils ne trou-
vèrent qu'un homme qui cherchait
avec une lanterne sa bourse qu'il
avait laissé tomber en tirant son
mouchoir. Cet homme était le joueur
de marionnettes de la foire : ils lui
aidèrent à chercher sa bourse, et ils
en reçurent pour récompense le polichinel qui les avait tant fait rire.

---

q.   quilles.

*Les jeux sont le délassement de la
jeunesse ; mais ce doivent être des
jeux innocens, tels que la balle, le*

cerf-

cerf-volant, les quilles, et non pas des jeux où l'on risque de l'argent.

Voyez deux joueurs se mettre à une table de jeu : leur joie n'est pas de longue durée. La mauvaise humeur s'empare du perdant : il frappe du pied, trépigne, et s'en prend aux meubles, qu'il fracasse, comme s'ils étaient complices de sa mauvaise chance.

---

r. rhinocéros.

Cet animal est, après l'éléphant, un des plus gros qu'on connaisse. Sur le nez il porte une corne qui peut devenir meurtrière. Tout son corps est couvert d'un cuir que le fer ne saurait pénétrer. Au bout de sa lèvre supérieure, on aperçoit une excroissance pointue ; c'est cette ex-

croissance qu'il allonge , et qui lui
tient lieu d'une main. Sans être ni
féroce , ni carnassier , ni même extrêmement farouche , le rhinocéros est
cependant intraitable ; il est à-peu-
près en grand ce que le cochon est
en petit, brusque , indocile et sans
intelligence.

S.   Serpent.

*Quoique les Serpens n'aient pas
de pattes , ils marchent à leur manière , et assez vîte ; ils rampent , en
se servant d'une partie de leur ventre
comme d'un point d'appui. Leur retraite ordinaire est dans les lieux
humides , sous des tas de fumier ,
sous des feuilles mortes , dans des
trous souterrains , où ils vivent d'her-
bes , de mouches , d'insectes , d'arai-
gnées , de grenouilles et de souris.*

Tous les serpens ne sont pas veni-

meux : les plus gros et les plus dan-
gereux ne se trouvent pas en France.
La vipère est très à craindre ; l'aspic
l'est moins ; la couleuvre ne fait de
mal à personne.

---

t.   tigre.

Le tigre n'est pas aussi fort que le
lion ; mais il est plus à craindre,
parce qu'il est plus cruel. Rassasié
ou à jeun, il n'épargne aucun animal, et ne quitte une proie que pour
en égorger une autre. Heureusement
l'espèce n'en est pas nombreuse. Dans
la captivité, il déchire la main qui
le caresse, comme celle qui le frappe.
Cet animal a beaucoup de rapports
avec le chat : il est, comme lui, hy-
pocrite et caressant par envie de
mal faire.

u. unau.

On a donné à cet animal le surnom de paresseux , parce qu'il est extrêmement lent. Cependant sa lenteur est moins l'effet de la paresse que du défaut de conformation. Il lui faut un jour pour grimper sur un arbre ; et pour en descendre , il est obligé de se laisser tomber. Malgré sa misère , on ne peut pas dire que l'*Unau* soit malheureux , parce qu'il n'est pas né sensible.

v. vaisseau.

Il s'en faut de beaucoup que toute la terre soit solide : on voit des ruisseaux couler au pied des montagnes ; ces ruisseaux , en se joignant à d'autres , forment des rivières , les rivières composent des fleuves ; et les fleuves contribuent à former ces amas d'eau qu'on appelle mers. Pour franchir ces espaces, il fallait des supports; pour cela, on a d'abord imaginé de creuser des arbres, puis on a joint des planches; mais il y avait loin de ces mauvais bateaux à nos grands vaisseaux de guerre, qui portent jusqu'à douze cents hommes avec des provisions pour six mois.

X. xénophon

C'est le nom d'un historien célèbre. On appelle historien celui qui écrit tout ce qui arrive d'intéressant. S'il n'y avait pas eu de ces hommes utiles, nous ignorerions tout ce qui s'est passé avant notre naissance; et s'il n'y en avait pas, nous ne saurions que ce qui se fait auprès de nous. Avec la connaissance de l'histoire, on est l'homme de tous les pays et de tous les temps.

---

y.   yeux.

Le caractère se peint dans les yeux. Le méchant a l'œil farouche : l'enfant sensible a le regard doux.

---

z.   zèbre.

La peau du Zèbre est rayée de noir et de jaune clair, avec tant de symétrie, qu'il semble qu'on a pris le compas pour la peindre. C'est un âne sauvage qui marche avec une grande vîtesse, mais qu'on ne peut monter, parce qu'il est indocile et têtu. Avec sa gentillesse, on le préférerait au cheval, s'il était, comme lui, susceptible d'éducation et familier.

HISTORIETTES.

LE PETIT MENTEUR.

ANTONIN était parvenu à l'âge de huit ans, sans avoir proféré un mensonge ; et dès qu'il lui arrivait de faire quelque sottise inséparable de cet âge, il allait vîte s'en accuser à son père qui lui pardonnait après une légère réprimande.

Un jour son cousin Didier, assez mauvais sujet, vint le trouver pour s'amuser ensemble. Il lui proposa de jouer au *Domino*. Antonin voulait bien jouer à ce jeu, qu'il aimait beaucoup; mais non pas de l'argent comme le vouloit Didier. Cependant Antonin, cédant à une fausse honte et aux railleries de deux amis de Didier, joua son argent, et perdit en une heure tout ce qu'il avait économisé. Désolé de cette perte, et plus encore des sarcasmes de Didier et de ses amis, il se mit à pleurer. Son père rentra dans ces entrefaites, et lui demanda le sujet de ses pleurs. -- C'est Didier, le fils du voisin qui est venu me forcer à jouer avec lui au *Domino*. -- C'est un amusement que je t'ai permis; il n'y a pas là de quoi pleurer. Aurois-tu joué de l'argent? -- Non, mon papa.

Le même jour le père d'Antonin ayant rencontré Didier, il en apprit qu'il avait gagné tout l'argent de son fils au Domino. M. Dorimont ayant appelé Antonin, lui demanda ce qu'il avait fait de son argent. Celui-ci, au lieu de mériter son pardon, en disant la vérité, chercha un mensonge grossier, en disant qu'il avait mis son argent derrière une pierre, et qu'on le lui avait pris. M. Dorimont pardonna à son fils pour la première fois, et se contenta de le traiter de menteur, en l'avertissant que dorénavant il se méfierait de lui.

Peu de temps après son oncle lui ayant fait présent d'un superbe porte-crayon, Antonin n'eut rien de plus pressé que de le montrer à Didier. Didier offrit à Antonin combien de joujoux pour avoir ce joli objet ; mais Antonin n'ayant pas voulu faire d'échange, Didier prétendit qu'il lui appartenait, et qu'il le lui avait dérobé. Antonin eut beau protester que c'était un cadeau de son oncle, Didier

le lui arracha de force, le ter-
rassa et s'enfuit. Antonin tout
en sang, courut auprès de son
père, à qui il fit le récit de l'ac-
tion indigne de Didier; mais son
père, au lieu de l'accueillir, lui
dit que sans doute il l'avait joué
au Domino, et qu'il ne s'était
mis dans cet état que pour lui
en imposer. Antonin eut beau
affirmer la vérité de son récit,
son père lui dit que l'ayant trompé une fois, il ne pouvait plus le
croire. Antonin se retira dans
sa chambre, pleura sa faute,
en fit l'aveu à son père, obtint
son pardon, et fidèle à sa pro-
messe, il ne mentit plus de sa
vie.

QUELLE est cette petite Demoiselle, assise dans un coin,
qui semble craindre qu'on ne

l'aperçoive? -C'est Emilie, qui se moque des enfans mal vêtus. Ce matin, elle avait demandé à sa bonne un toquet de velours orné de paillettes. Comme elle en paraissait fière, sa maman, pour la punir, lui a fait prendre un bonnet de nuit, qu'elle gardera devant les petites voisines qu'elle voulait humilier.

FANFAN, le chat aurait-il mangé ton oiseau? J'ai trouvé beaucoup de plumes dans l'escalier. - Non, mon frère; c'est moi qui l'ai plumé pour voir quelle mine il aurait sans plumes. -Comment ! tu as eu cette cruauté, et tu le dis sans rougir? -Mais, mon frère, on m'avait donné cet oiseau pour m'amuser. - Mon frère, on ne s'amuse pas à des choses qui font du mal. Si on t'arrachait les cheveux, tu souffrirais ; l'oiseau souffre depuis que tu lui as arraché les plumes.

―――――――

SOPHIE avait un chat nommé Zizi : c'est un joli amusement, qu'un petit chat ; mais Sophie avait pour Zizi une amitié si folle, qu'elle ne pensait qu'à lui, et qu'elle employait la plus grande partie de son tems à le caresser. Le matin, à peine était-elle sortie du lit, qu'elle appellait Zizi ; en lisant sa leçon, elle pensait à Zizi ; au lieu de coudre, elle s'occupait de Zizi ; et, préférablement à sa poupée, c'était Zizi qu'elle habillait. On ôta à Sophie son Zizi, et l'on se moqua d'elle quand elle voulut le pleurer.

Laurette était une petite fille bien étourdie : il ne se passait pas de jour qu'elle ne se fìt du mal, ou qu'elle n'en causât à ses camarades. Sa maman lui avait expressément défendu de manier des couteaux, et de trop s'approcher du feu ; mais à peine la maman était-elle détournée, que la petite fille oubliait la défense. Un jour qu'on l'avait laissée seule avec sa sœur Sophie, au lieu de faire attention à cette enfant qui était plus jeune qu'elle, elle la laissa manier un couteau qui la coupa bien fort. Une autre fois, en ramassant une aiguille, elle approcha la bougie si près de son béguin, que le feu prit à la dentelle, et brûla une grande partie de ses cheveux.

Alphonse était un petit enfant de si mauvaise humeur, qu'on le voyait pleurer pour la moindre bagatelle. S'il trouvait sa leçon tant soit peu difficile, il disait qu'il n'en pourrait jamais venir à bout, et il laissait là son livre pour verser des larmes : quand il lui manquait un de ses joujoux, au lieu de le chercher, il se désolait. Au moindre coup que lui donnait en jouant un de ses camarades, il poussait des cris si aigus, qu'on l'aurait cru estropié pour la vie. Un jour son papa lui dit : Alphonse, si tu jettes ton livre pour un mot difficile, comment veux-tu apprendre à lire ? Pendant le tems que tu mets à pleurer tes joujoux, tu les retrouverais ; si,

Boily fils sculp.

pour un petit coup, tu te mets
à crier, aucun enfant ne voudra jouer avec toi. Alphonse
entendit raison ; ses leçons lui
parurent moins difficiles ; ses
joujoux ne se perdirent plus, et
ses camarades le regardèrent
comme un bon petit enfant ,
qu'ils mirent de toutes leurs
parties.

———————————————

Papa , quel plaisir, si j'étais
grand comme le pommier qui est
dans notre jardin ! Il ne me faudrait ni échelle , ni crochet ,
pour avoir des pommes. D'une
enjambée, je traverserais une
rivière , et puis je serais bien
plus fort , si j'étais si grand !
Qu'il vînt un ours à ma rencontre, je lui tordrais le cou
d'un tour de main. – Mon fils ,

tu ne fais donc pas attention qu'il n'y aurait pas de place pour contenir des hommes si gros, et que tel pays qui fait vivre aujourd'hui mille hommes, en ferait tout au plus subsister vingt ? Chacun de nous mangerait un bœuf à son dîner, et tu n'aurais pas trop d'une tonne de lait pour faire ton déjeûner.

Dorval était un petit garçon si turbulent, que, malgré la vigilance de ceux qui l'environnaient, il lui arrivait tous les jours quelque accident. Une fois, en marchant à reculons, il tomba du haut en bas d'un escalier; une autre fois il fit tomber sa maman, en se balançant au dossier de son fauteuil; mais voici l'accident le plus fâcheux. Un jour qu'il jouait avec une petite demoiselle, à qui croiserait le premier deux épingles, en les poussant l'une contre l'autre, il mit dans sa bouche des épingles qui l'embarrassaient. Dans le même moment, un gros chien qu'il avait accoutumé à jouer avec lui, entra sans être aperçu, et lui mit ses deux pattes sur les épaules. Dorval, qui ne s'y attendait pas, fit un mouvement, et lâcha les épingles, qui lui descendirent dans le gosier. On eut beau appeler les chirurgiens, Dorval mourut d'un abcès, au bout de quelques jours.

Germeuil était un enfant très-indocile. Un jour qu'il passait près d'une ruche, son papa l'avertit que les abeilles étaient dangereuses quand on les troublait dans leur travail : Bon, dit Germeuil, si c'était un gros chien, j'en aurais peur ; mais des abeilles, d'un coup de mouchoir j'en abattrais un cent. Le petit incrédule frappa la ruche avec sa baguette. Dans l'instant les abeilles le poursuivirent et le piquèrent au visage, au cou, aux jambes, aux mains, partout où leur aiguillon put se faire jour.

Cécile avait de beaux yeux, une jolie bouche, des couleurs vives ; Cécile était une jolie petite fille. Elle en devint si orgueilleuse, qu'elle ne pouvait supporter ceux qui avaient quelque défaut dans la figure ou dans la taille. Joséphine, sa sœur cadette, était presque laide ; mais elle était douce, prévenante, et savait lire avant que Cécile connût une lettre. Cécile et Joséphine eurent ensemble la petite vérole. Joséphine supporta son mal avec patience ; mais Cécile craignant de perdre sa beauté, aigrit son sang, et fut tellement défigurée, qu'on ne se ressouvint plus qu'elle avait été belle. Comme elle ne savait ni travailler, ni lire, elle n'eut rien pour se distraire. Joséphine, au contraire, fut recherchée, parce qu'elle joignait à l'esprit beaucoup de connaissances et d'amabilité.

Eh bien, Henri, n'est-ce pas une chose bien admirable, que ce grand arbre soit sorti d'une petite semence ? Regardez, en voici un tout jeune. Il est si petit Charlotte, que vous aurez la force de l'arracher vous-même. Tenez, voyez-vous; voilà le gland encore attaché à sa racine. C'est pourtant ainsi que sont venus tous les arbres qui peuplent cette belle forêt que nous traversâmes l'autre jour dans notre voyage. Ce chêne seul, si tous ses glands avaient été recueillis chaque année et plantés avec soin, aurait déjà pu suffire à couvrir de ses enfans et de ses petits enfans la face entiere de la terre.

Henri, prenez doucement ce nid dans votre main, et regardez-le avec attention ; voici comment les oiseaux l'ont construit. Deux d'entr'eux, convenus de vivre ensemble , cherchent sur les arbres ou dans les buissons, l'endroit le plus propre à s'établir ; ils commencent l'édifice par le dehors , entrelaçant avec leurs becs des brins de bois ou de paille , et remplissant tous les vides avec de la mousse. Ensuite ils tapissent l'intérieur de légers flocons de laine , de duvet ou de coton. La femelle pond ses œufs sur ce lit douillet , et pendant quelques jours les tient constamment réchauffés ; le mâle l'excite par ses caresses , ou perché sur une branche voisine , l'anime par ses chansons. Les petits viennent à éclorre ; aussitôt leurs parens pleins de joie, vont chercher de la nourriture , et reviennent en la broyant dans leurs becs. Les petits entendant le bruit de leurs ailes , ont soulevé leur tête , et se sont mis à crier : *chip , chip* , comme pour dire *à moi* , *à moi* , et tous reçoivent leur pâture. La mère les couvre de ses plumes pour les garantir de la fraîcheur des nuits, et dès l'aurore le père retourne à la provision. Ces soins sont continués jusqu'à ce que les petits soient en état de voltiger de branche en branche ; puis à se hasarder un peu dans les airs : enfin ils leur font prendre l'essor du côté où ils peuvent trouver leur subsistance.

Manière de prononcer les consonnes.

B	Be.		N	En ne.
C	Ce.		P	Pe.
D	De.		Q	Qu.
F	Ef fe.		R	Re.
G	Ge.		S	Ss se.
H	A che.		T	Te.
J	Gi.		V	Ve.
K	Ka.		X	Ik ce.
L	El le		Y	Y grec.
M	Em me.		Z	Zai de.

ACCENS.

´ Aigu.
` Grave.
ˆ Circonflexe.

Ces accens mettent une grande différence dans la manière dont on prononce les lettres sur lesquelles ils sont placés ; ainsi l'on ouvre beaucoup plus la bouche pour prononcer l'*e* du mot *procès*, que pour prononcer celui du mot *bonté*.

L'*e* sur lequel on met un accent aigu, s'appelle un *e* fermé ; celui sur lequel on place un accent grave, s'appelle un *e* ouvert.

On met l'accent circonflexe sur les voyelles qu'on prononce en appuyant, comme dans les mots : *Blâme, tempête, gîte, trône, flûte.*

Il y a cinq voyelles : *a, e, i, o, u* : on les appelle voyelles, parce qu'elles remplissent seules la voix.

Il n'en est pas de même des autres lettres : on les nomme consonnes, parce qu'elles n'ont de son qu'avec une autre lettre ; ainsi quand on prononce un *b*, le son est le même que s'il y avait un *e* à côté.

Le tréma (··) est un signe qui avertit qu'il faut prononcer la voyelle sur laquelle il se trouve, séparément de la lettre qui suit ; ainsi, dans le mot *haïr*, on prononce ha-ir ; parce qu'il y a un tréma, et non pas *hair*.

L'apostrophe (') se met en haut, à la place d'une voyelle supprimée, comme dans les mots : *L'arbre*, *l'oiseau*, parce qu'il aurait été trop dur de dire : *Le arbre*, *le oiseau*.

Le trait-d'union (-) se met entre deux mots qui n'en forment qu'un, comme : *Porte-faix*, *porte-clef*, *porte-crayon*.

La cédille (¸) se met en bas, sous la lettre *c*, pour avertir qu'on doit prononcer ce *c* comme une *s* ; par exemple, dans le mot *leçon*.

Les guillemets («») sont deux virgules qui marquent que les mots devant lesquels ils se trouvent sont le langage de quelqu'un qui n'est pas celui qui parlait auparavant : on s'en sert encore

pour

pour faire connaître les mots, les lignes qui sont empruntés d'un autre livre.

La parenthèse () se compose de deux crochets : elle marque que ce qui est renfermé entre, est détaché de ce qui précédait et de ce qui suit.

Virgule, pour s'arrêter un peu.

Point et Virgule ; pour s'arrêter davantage.

Deux points : pour s'arrêter davantage encore.

Point . pour s'arrêter tout-à-fait.

Point d'interrogation ?

Point d'admiration ou d'exclamation !

Ceux qui composent les livres ne placent pas tous ces signes indifféremment.

La virgule (,) marque les différentes parties d'une phrase, c'est-à-dire, d'un assemblage de mots qui contribuent à former le même sens.

Le point et la virgule (;) marque que la phrase n'est pas entièrement finie.

Les deux points (:) marquent qu'une phrase est finie, mais qu'elle dépend d'une phrase composée, dont toutes les parties sont liées avec la principale.

D

L'ENFANT ET LA POUPÉE.

Dans une foire, un jeune Enfant,
Promené par sa gouvernante,
Contemplait d'un œil dévorant
Maints beaux colifichets : tout lui plaît, tout le tente.
Il veut polichinel, ensuite un porteur d'eau,
Et puis il n'en veut plus. - Voulez-vous une épée.
-Ah ! oui ; mais non, j'aime mieux le berceau.
Il l'eut pris sans une Poupée
Qui le séduisit de nouveau.
On la lui donne : en sautant il l'emporte.
Chez la maman, le voilà de retour :
Aux gens du logis, tour-à-tour,
Il fait baiser l'objet qui d'aise le transporte :
Depuis le matin jusqu'au soir
De chambre en chambre il la promene :
S'il faut s'aller coucher, il la quitte avec peine,
Et s'endort en pleurant dans les bras de l'espoir :
En dormant il en rêve; et le jour lui ramène
Sa Mimi : qu'on l'apporte, eh vîte ! il veut la voir.
Pendant près de huit jours, avec exactitude,
Fanfan joue avec sa catin.
Il paraissait content ; mais le petit coquin
De la possession se fit une habitude.
L'habitude et le froid se tiennent par la main :
Le froid donc s'ensuivit, et le dégoût enfin.

V A D É.

On aime ce qu'on n'a pas, et ce qu'on a cesse
de plaire.

FANFAN ET COLAS.

Fanfan gras et vermeil, et marchant sans lisière,
Voyait son troisième printems.
D'un si beau nourrisson , Perrette toute fière ,
S'en allait à Paris le rendre à ses parens.
Perrette avait sur sa bourrique ,
Dans deux paniers mis Colas et Fanfan.
De la riche Cloé, celui-ci fils unique ,
Allait changer d'état , de nom , d'habillement
Et peut-être de caractère.
Colas, lui, n'était que Colas ,
Fils de Perrette et de son mari Pierre.
Il aimait tant Fanfan , qu'il ne le quittait pas.
Fanfan le chérissait de même.
Ils arrivent. Cloé prend son fils dans ses bras :
Son étonnement est extrême,
Tant il lui paraît fort, bien nourri , gros et gras.
Perrette de ses soins est largement payée ;
Voilà Perrette renvoyée ;
Voilà Colas que Fanfan voit partir.
Trio de pleurs. Fanfan se désespère :
Il aimait Colas comme un frère ;
Sans Perrette et sans lui , que va-t-il devenir ?
Il fallut se quitter. On dit à la nourrice :
Quand de votre hameau vous viendrez à Paris ;
N'oubliez pas d'amener votre fils ;
Entendez vous , Perrette ? on lui rendra service.
Perrette le cœur gros, mais plein d'un doux espoir
De son Colas croit la fortune faite.

De Fanfan cependant Cloé fait la toilette.
Le voilà décrassé, beau, blanc, il fallait voir !
    Habit moiré, toquet d'or, riche aigrette.
On dit que le frippon se voyant au miroir,
    Oublia Colas et Perrette.
Je voudrois à Fanfan porter cette galette,
Dit la nourrice un jour ; Pierre, qu'en penses-tu ?
Voilà tantôt six mois que nous ne l'avons vu.
    Pierre y consent ; Colas est du voyage.
    Fanfan trouva (l'orgueil est de tout âge)
    Pour son ami, Colas trop mal vêtu :
    Sans la galette, il l'aurait méconnu.
Perrette accompagna ce gâteau d'un fromage,
De fruits et de raisins. . . . .
    Les présens furent bien reçus ;
Ce fut tout ; et tandis qu'elle n'est occupée
    Qu'à faire éclater son amour,
Le marmot, lui, bat du tambour;
Traîne son chariot, fait danser sa poupée.
Quand il a bien joué, Colas dit : c'est mon tour.
    Mais Fanfan n'était plus son frère :
    Fanfan le trouva téméraire,
Fanfan le repoussa d'un air fier et mutin.
    Perrette alors prend Colas par la main :
    Viens, lui dit-elle avec tristesse,
    Voilà Fanfan devenu grand Seigneur,
    Viens mon fils, tu n'as plus son cœur.

L'amitié disparaît où l'égalité cesse.

A U B E R T.

CLOÉ ET FANFAN.

J'ai peint Fanfan ingrat envers Perrette ,
Perrette qui l'avait nourri ;
Je l'ai peint dédaignant Colas pour son ami ,
Et logeant la fierté déjà sous sa bavette.
Fanfan grandit ; et malgré les avis
De Cloé ; mère tendre et sage ,
Son orgueil s'accrut avec l'âge :
Le fripon insultait tous les gens du logis.
Que fit Cloé pour corriger son fils ?
. . . .
Mon fils , dit-elle un jour , apprenez le malheur
Où le juste destin vous plonge :
Vous n'êtes point à moi : Perrette et son mari
Ont trompé tous deux ma tendresse ;
Ce secret vient d'être éclairci :
. . . .
Colas est mon enfant , et vous allez partir. . . . . .
Fanfan , troublé , muet , l'œil fixé sur sa mère ,
A ce nom de Colas , laisse couler des pleurs.
Cloé tournant les yeux ailleurs ,
Pour pousser jusqu'au bout l'affaire ,
Tient ferme , le dépouille , et lui met les habits
Qu'il devait porter au village.
Mille sanglots alors échappent à son fils ;
Les pleurs inondent son visage.
Il parle enfin : Maman , que vais-je devenir ?
Mal vêtu , mal nourri. . . . .
. . . . . . —Oui , Colas ; mais qu'y faire ?
Le ciel de votre orgueil a voulu vous punir.

Colas, vous méprisiez mon fils et votre mère,
Vous traitiez durement tous ceux que la misère,
    Pour subsister, oblige de servir :
    Vous allez apprendre à les plaindre.

    Vous voyez qu'au sein du bonheur,
    Les retours du sort sont à craindre.
De vos cruels dédains reconnaissez l'erreur.
    Si mon fils allait vous les rendre ?
S'il allait à son tour..... Fanfan n'y tenant plus
Tombe aux pieds de Cloé, désespéré, confus,
    La conjure de le reprendre.
    Je servirai, lui dit-il, votre fils ;
    Je le respecterai, je lui serai soumis.
    C'en fut assez pour cette mère sage,
    Qui se sentait trop attendrie :
Elle embrassa son fils, quitta cet air sévère,
L'appela par son nom, loua son repentir,
    Et désormais eut lieu de s'applaudir
    De cette leçon salutaire.   A U B E R T.

LE JOUEUR
DE GOBELETS.

Escroquillard, fameux escamoteur,
    Dans un village un beau Dimanche,
    Dressa son théâtre imposteur
Sur deux tréteaux que couvrait une planche.

Puis au bruit du tambour il se fit annoncer :
C'est par ici, messieurs ; allons , prenez vos places ,
    Dans l'instant je vais commencer.
    Tous mes benêts , pipés par ses grimaces ,
De l'admirer ne pouvaient se lasser.
    Après maints tours de passes-passes ,
    Ils ne savaient que dire et que penser.
Leurs yeux frappés de ce rare spectacle ,
    Prenaient pour autant de miracle
Chaque parole et chaque changement.
    Ils ne concevaient pas comment ,
    Sans y toucher , une muscade ,
Par le pouvoir du seul commandement,
    Allait joindre sa camarade. . . . . .
    Allons , messieurs à ce tour-ci :
    Par la vertu de ma baguette ,
    Je vais changer cet écu que voici .
En plomb. . . . . Partez. . . . . La chose est faite ;
    Le voyez-vous ? ça , maintenant
    Que le plomb redevienne argent ;
Soufflez dessus. . . . . . Chaque marouffle
    Tour-à-tour de bonne foi souffle ;
    Et l'écu paraît de nouveau.
Ah, mon Dieu , Seigneur ! que c'est beau !
    Quel esprit ! C'est pire qu'un homme ,
    Que cet homme-là. . . . . Çà , messieurs,
Leur dit Escroquillard, le temps m'appelle ailleurs.
A leurs dépens muni d'une assez bonne somme ,
. . . .
    Son départ fut son dernier tour.

V A D É.

VERS PRÉSENTÉS

PAR UN JEUNE ENFANT A SA MERE.

Qu'en ce beau jour j'ai de plaisir ,
Chère Maman , à t'offrir cette rose !
Elle est fraîche et jolie : à peine est-elle éclose
Du premier souffle du Zéphir.

Dans mes bras enfantins permets que je t'enlace ,
En t'offrant ce léger présent,
Et que de mes mains je 'la place
Sur ton corset, en t'embrassant.

Des maux que tu souffrais, que j'étois affligée !
Mais, grace à nos soupirs , la fortune est changée.
Ah ! si mes pleurs avaient pu te guérir !
Tu connais bien l'excès de ma tendresse,
Rien n'aurait pu les calmer, les tarir.

Ces larmes sur ta couche auraient coulé sans cesse :
J'aurais préféré d'y mourir.

Mais que mon ame est plus contente !
Je ne crains plus rien pour tes jours ;
Ta santé n'est plus chancelante.

En cet état heureux conserve-là toujours.

Vis, pour nous aimer tous , dans ce charmant asile.

O Maman ! tu connais mes sentimens , mon cœur ;
Jamais il ne fut plus tranquille ;
Te plaire et t'obéir sera tout mon bonheur.

DU CALCUL.

$$0, \quad 1, \quad 2, \quad 3,$$

zéro, un, deux, trois,

$$4, \quad 5, \quad 6, \quad 7,$$

quatre, cinq, six, sept,

$$8, \quad 9.$$

huit, neuf.

Ces caractères s'appellent des chiffres ; ils servent à compter.

Pour exprimer des nombres plus considérables, sans avoir recours à d'autres caractères, on est convenu que de dix unités on n'en ferait qu'une, à laquelle on donnerait le nom de *dizaine*, et que l'on compterait par dizaines comme on compte par unités, c'est-à-dire, que l'on dirait deux dizaines, trois dizaines, etc. jusqu'à neuf dizaines ; que, pour représenter ces nouvelles unités, on emploierait les mêmes chiffres que pour les unités simples., et qu'on les distinguerait de celles – ci, en les plaçant à leur gauche.

Ainsi, pour représenter *trente-quatre*, qui renferment trois dizaines et quatre unités, on est convenu d'écrire 34 : pour représenter *soixante*, qui contiennent un nombre exact de dizaines sans aucune unité, on écrit 60. Zéro marque à-la-fois qu'il n'y a point d'unités simples, et que le nombre six exprime des dizaines.

Pour faire des comptes plus étendus, on forme de dix dizaines une seule unité, qui a le nom de *centaine*, parce que dix fois dix font cent, et on place les chiffres qui appartiennent à ces centaines, à la gauche des dizaines.

Il en est de même des mille, que l'on forme de dix centaines, et ainsi de suite, pour tous les nombres que l'on peut imaginer.

Les principales règles du calcul sont : *l'addition*, la *soustraction*, la *multiplication*, la *division*.

L'addition.

Fanfan, supposons que tu tires quelques cerises d'une corbeille, pour savoir combien tu en auras pris, tu diras,

par exemple . . . . 4 cerises,
plus 2 cerises,
plus 3 cerises,
____
font 9 cerises.

Le nombre 9 est le total que tu cherchais.

Ainsi l'addition consiste à ajouter plusieurs nombres les uns aux autres, pour en connaître la somme totale.

La Soustraction.

Supposons que tu n'aies pris que 7 cerises, et que tu en remettes 4, combien t'en restera-t-il ?

de 7 cerises,
ôte 4 cerises,
____
reste 3 cerises.

Ainsi, par la soustraction, on ôte un moindre nombre d'un plus grand, pour savoir ce qu'il en reste.

La multiplication.

Si je te donne 15 cerises par jour, combien en mangeras-tu en 4 jours ?

<pre>
        Multiplie. 15
              par 4
                          ─────────
</pre>

C'est-à-dire, compte 4 fois 15,

<pre>
        Tu trouveras . . . . 60 cerises.
</pre>

La multiplication consiste donc à multiplier deux nombres l'un par l'autre, pour trouver un troisième nombre, qui contienne le premier autant de fois qu'il y a d'unités dans le second.

La division.

Si, par hasard, il ne s'était trouvé dans la corbeille que 30 cerises, et qu'il t'eût fallu les partager entre 6 personnes, combien chaque personne en aurait-elle eu ?

<pre>
              ┌ divisés par 6,
        30 ┤ ──────────────
              └ donnent 5.
</pre>

Chaque personne aurait donc eu 5 cerises.

L'usage de la division est, comme tu vois, de partager un nombre en autant de parties qu'il y a d'unités dans celui par lequel on le divise.

Chiffres arabes et romains.

un	1	I.
deux	2	II.
trois	3	III.
quatre	4	IV.
cinq	5	V.
six	6	VI.
sept	7	VII.
huit	8	VIII.
neuf	9	IX.
dix	10	X.
onze	11	XI.
douze	12	XII.
treize	13	XIII.
quatorze	14	XIV.
quinze	15	XV.
seize	16	XVI.
dix-sept	17	XVII.
dix-huit	18	XVIII.
dix-neuf	19	XIX.
vingt	20	XX.
vingt-un	21	XXI.
vingt-deux	22	XXII.
vingt-trois	23	XXIII.
vingt-quatre	24	XXIV.
vingt-cinq	25	XXV.
vingt-six	26	XXVI.
vingt-sept	27	XXVII.
vingt-huit	28	XXVIII.
vingt-neuf	29	XXIX.
trente	30	XXX.

	Arabes.	Romains.
trente-un.	31	XXXI.
trente-deux	32	XXXII.
trente-trois	33	XXXIII.
trente-quatre	34	XXXIV.
trente-cinq	35	XXXV.
trente-six	36	XXXVI.
trente-sept	37	XXXVII.
trente-huit	38	XXXVIII.
trente-neuf	39	XXXIX.
quarante	40	XXXX ou XL
quarante-un	41	XLI.
quarante-deux	42	XLII.
quarante-trois	43	XLIII.
quarante-quatre	44	XLIV.
quarante-cinq	45	XLV.
quarante-six	46	XLVI.
quarante-sept	47	XLVII.
quarante-huit	48	XLVIII.
quarante-neuf	49	XLIX.
cinquante	50	L.
cinquante-un	51	LI.
cinquante-deux	52	LII.
cinquante trois	53	LIII.
cinquante-quatre	54	LIV.
cinquante-cinq	55	LV.
cinquante-six	56	LVI.
cinquante-sept	57	LVII.
cinquante-huit	58	LVIII.
cinquante-neuf	59	LIX.
soixante	60	LX.

	Arabes.	Romains.
soixante-un	61	LXI.
soixante-deux	62	LXII.
soixante-trois	63	LXIII.
soixante-quatre	64	LXIV.
soixante-cinq	65	LXV.
soixante-six	66	LXVI.
soixante-sept	67	LXVII.
soixante-huit	68	LXVIII.
soixante-neuf	69	LXIX.
soixante-dix	70	LXX.
soixante-onze	71	LXXI.
soixante-douze	72	LXXII.
soixante-treize	73	LXXIII.
soixante-quatorze	74	LXXIV.
soixante-quinze	75	LXXV.
soixante-seize	76	LXXVI.
soixante-dix-sept	77	LXXVII.
soixante-dix-huit	78	LXXVIII.
soixante-dix-neuf	79	LXXIX.
quatre-vingts	80	LXXX.
quatre vingt-un	81	LXXXI.
quatre-vingt-deux	82	LXXXII.
quatre-vingt-trois	83	LXXXIII.
quatre-vingt-quatre	84	LXXXIV.
quatre-vingt-cinq	85	LXXXV.
quatre-vingt-six	86	LXXXVI.
quatre-vingt-sept	87	LXXXVII.
quatre-vingt-huit	88	LXXXVIII.
quatre-vingt-neuf	89	LXXXIX.
quatre-vingt-dix	90	XC.

	Arabes.	Romains.
quatre-vingt-onze	91	XCI.
quatre-vingt-douze	92	XCII.
quatre-vingt-treize	93	XCIII.
quatre-vingt-quatorze	94	XCIV.
quatre-vingt-quinze	95	XCV.
quatre-vingt-seize	96	XCVI.
quatre-vingt-dix-sept	97	XCVII.
quatre-vingt-dix-huit	98	XCVIII.
quatre-vingt-dix-neuf	99	XCIX.
cent	100	C.
deux cents	200	CC.
trois cents	300	CCC.
quatre cents	400	CCCC.
cinq cents	500	D.
six cents	600	DC.
sept cents	700	DCC.
huit cents	800	DCCC.
neuf cents	900	DCCCC.
mille	1000	M.

Tableau de Multiplication.

2	fois	2	font	4
2	fois	3	font	6
2	fois	4	font	8
2	fois	5	font	10
2	fois	6	font	12
2	fois	7	font	14
2	fois	8	font	16
2	fois	9	font	18

2	fois	10	font	20
2	fois	11	font	22
2	fois	12	font	24
3	fois	3	font	9
3	fois	4	font	12
3	fois	5	font	15
3	fois	6	font	18
3	fois	7	font	21
3	fois	8	font	24
3	fois	9	font	27
3	fois	10	font	30
3	fois	11	font	33
3	fois	12	font	36
4	fois	4	font	16
4	fois	5	font	20
4	fois	6	font	24
4	fois	7	font	28
4	fois	8	font	32
4	fois	9	font	36
4	fois	10	font	40
4	fois	11	font	44
4	fois	12	font	48
5	fois	5	font	25
5	fois	6	font	30
5	fois	7	font	35
5	fois	8	font	40
5	fois	9	font	45
5	fois	10	font	50
5	fois	11	font	55
5	fois	12	font	60
6	fois	6	font	36
6	fois	7	font	42

6	fois	8	font	48
6	fois	9	font	54
6	fois	10	font	60
6	fois	11	font	66
6	fois	12	font	72
7	fois	7	font	49
7	fois	8	font	56
7	fois	9	font	63
7	fois	10	font	70
7	fois	11	font	77
7	fois	12	font	84
8	fois	8	font	64
8	fois	9	font	72
8	fois	10	font	80
8	fois	11	font	88
8	fois	12	font	96
9	fois	9	font	81
9	fois	10	font	90
9	fois	11	font	99
9	fois	12	font	108
10	fois	10	font	100

BOUQUET D'UN ENFANT A SA MÈRE.

Ce n'est point en offrant des fleurs
Que je veux peindre mà tendresse ;
De leur parfum, de leurs couleurs,
En peu d'instans, le charme cesse.
La rose naît en un moment !
En un moment elle est flétrie :
Mais ce que pour vous mon cœur sent,
Ne finira qu'avec ma vie.

J. J. ROUSSEAU.

PENSÉES propres à servir d'Exemples d'Ecriture.

Adore un Dieu, sois juste, et chéris ta Patrie.

On élevé sans mœurs, est un arbre sans fruit.

Faisons ce qu'on doit faire, et non pas ce qu'on fait.

On vous juge d'abord par ceux que vous voyez.

Dans un vase infecté, le meilleur vin s'aigrit.

Avant que d'entreprendre, il faut considérer.

Qui commence le mieux, ne fait rien s'il n'achève.

Le Sage est ménager du temps et des paroles.

Patience et succès marchent toujours ensemble.

Un Savant doute, cherche ; un Ignorant fait tout.

Soyez humble et modeste au milieu des succès.

A force de forger, on devient forgeron.

Chaque chose a son temps ; il faut savoir le prendre.

L'Enfant à qui tout cède, est le plus malheureux.

Aimez qu'on vous conseille, et non pas qu'on vous loue.

Obéis, si tu veux qu'on t'obéisse un jour.

Ce n'est pas obéir, qu'obéir lentement.

On son trouve toujours un plus sot qui l'admire.

De services, d'égards, la vie est un échange.

Parlez peu, pensez bien, et gardez vos secrets.

C'est apprendre beaucoup, de croire qu'on ne sait rien.

Le bienfait qu'on reproche est un bienfait perdu.

On n'est pas écouté, quand on parle en grondant.

C'est n'être bon à rien, de n'être bon qu'à soi.

On a souvent besoin d'un plus petit que soi.

Ce que tu crains pour toi, ne le fais donc pas à autrui.

C'est mourir satisfait, que de mourir aimé.

Les gens qui n'aiment qu'eux ne sont pas ceux qu'on aime.

Ne faites réjaillir vos peines sur personne.

Pour les infortunés, espérer, c'est jouir.

Reprenez sans aigreur, louez sans flatterie.

N'allez point divulguer ce que l'on vous confie.

Ceux qui parlent si haut sont les moindres faiseurs.

Celui qui perd l'honneur, n'a plus rien à garder.

Aimons en
reconnaissant
Combien
Dieu, auteur
des Biens
dont il a

O vous qui ne connaissez pas en quoi consiste ce bonheur que nous recherchons sans cesse, et que nous trouvons

www.ingramcontent.com/pod-product-compliance
Ingram Content Group UK Ltd.
Pitfield, Milton Keynes, MK11 3LW, UK
UKHW022315070726
13614UKWH00002B/749